WIKINGER

Für Ffion und Eva

Titel der Originalausgabe: *Viking Voyagers. Explore the Wonderful World of the Vikings*
Zuerst 2020 erschienen bei BIG PICTURE PRESS, einem Imprint von Bonnier Books UK, 4th Floor, Victoria House, Bloomsbury Square, London, WC1B 4DA; Owned by Bonnier Books, Sveavägen 56, Stockholm, Sweden, www.bonnierbooks.co.uk

Deutsche Erstausgabe

Projektleitung und Lektorat: Melanie Schöni, Knesebeck Verlag
Übersetzung: Gundula Müller-Wallraf, München
Umschlagadaption: Leonore Höfer, Knesebeck Verlag
Satz: Arnold und Domnick, Leipzig

ISBN 978-3-95728-824-0

www.knesebeck-verlag.de

Printed in China

FSC MIX Papier | Fördert gute Waldnutzung FSC® C020056

JACK TITE

WIKINGER

Aus dem Englischen von
Gundula Müller-Wallraf

KNESEBECK

INHALT

ZU HAUSE
22
SAGEN
32
DAS ENDE EINES ZEITALTERS
52
N
W
O
S

DIE ÄRA DER WIKINGER

Gegen Ende des 8. Jahrhunderts machten sich ganz im Norden Europas, in Skandinavien, Scharen von Menschen auf einmal auf, die Welt zu erkunden – das Zeitalter der Wikinger hatte begonnen. Auf der Suche nach Land und Reichtum überfielen sie in ganz Europa Dörfer und Städte und versetzten die umliegenden Länder in Angst und Schrecken. Aber sie konnten nicht nur kämpfen und plündern. In den folgenden 300 Jahren brachten sie die exotischsten Waren nach Europa, überquerten Ozeane, um neue Kontinente zu entdecken, und bevölkerten Länder wie Großbritannien, Frankreich, Island, Irland, Grönland und sogar Nordamerika

Nordmänner und -frauen

Die Wikinger stammten aus Skandinavien, dem Teil Nordeuropas, in dem heute Schweden, Dänemark und Norwegen liegen. Als die große Zeit der Wikinger begann, gab es diese Länder so allerdings noch nicht. Das Gebiet wurde von vielen verschiedenen Stämmen bewohnt. Diese Gruppen hatten nicht viel gemeinsam und kämpften häufig gegeneinander um Macht, Land oder Reichtum.

Auf »víking« gehen

Ursprünglich war »Wikinger« kein Name. In ihrer Sprache Altnordisch bedeutete das Wort »víkingr« Seeräuber oder auf Beutefahrt (»fara i víking«) gehen. Den berühmten Namen »Wikinger« bekamen die Seefahrer aus dem Norden, die zwischen dem 8. und dem 12. Jahrhundert übers Meer kamen, um zu »wikingern«, von denen, die sie überfielen. In diesem Buch sind mit Wikinger aber alle Menschen gemeint, die während der Wikingerzeit in Skandinavien lebten.

Ein schrecklich schlechter Ruf

Bis heute stellen wir uns unter Wikingern vor allem furchteinflößende, blutdürstige Krieger vor. Dabei haben sie auf vielen Gebieten ganz Erstaunliches geleistet. Weil sie viele gute Schiffe brauchten, entwickelten sie immer neue Formen und Techniken des Schiffsbaus. Dadurch wurden sie zu echten Wegbereitern in Sachen Seefahrt und Welterkundung. Die ersten Europäer, die den nordamerikanischen Kontinent betraten, waren Wikinger. Mach dich bereit, diese wagemutigen Seefahrer kennenzulernen und zu entdecken, wie sie lebten.

NORDISCHE MYTHOLOGIE

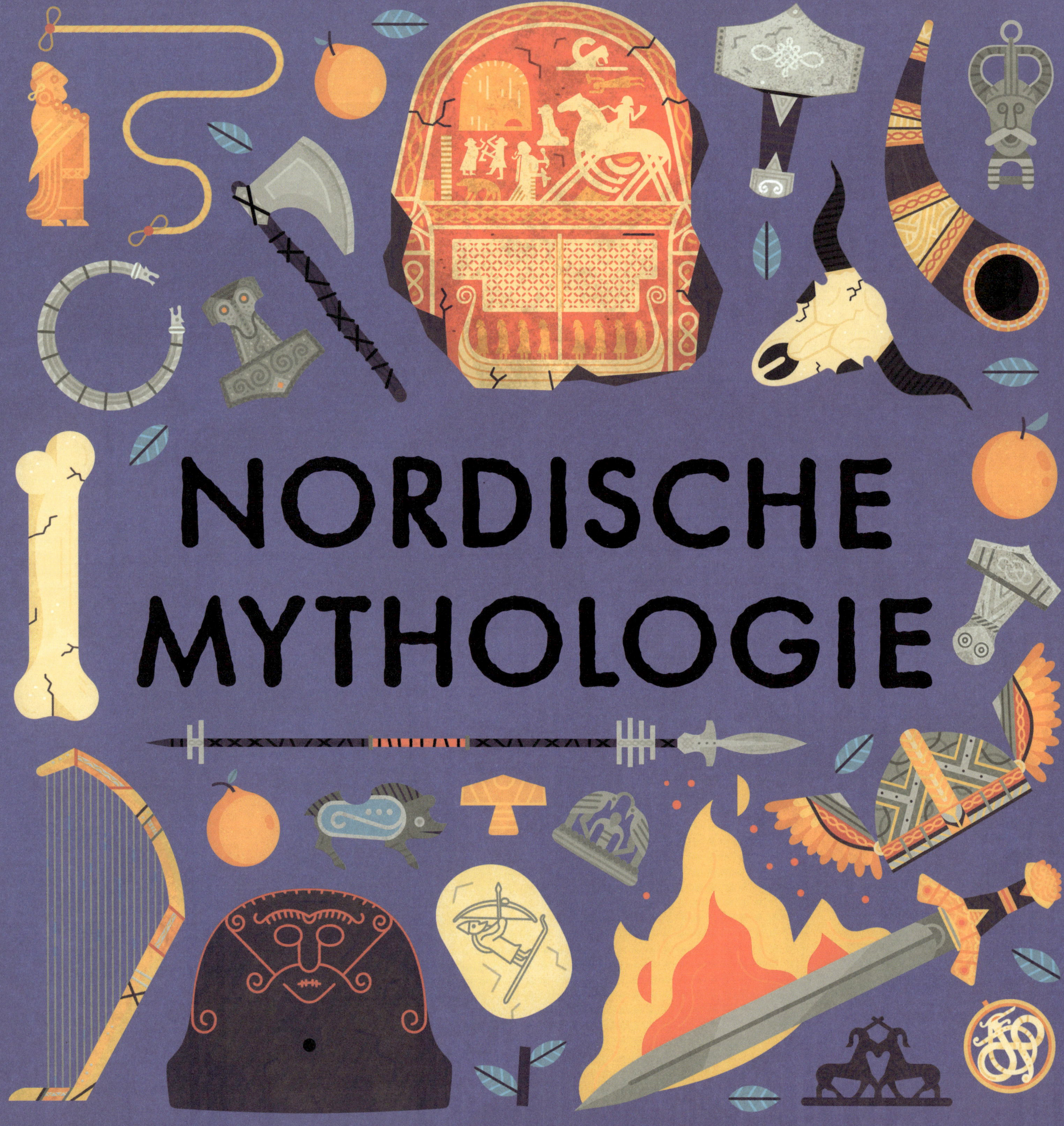

WIE ALLES BEGANN ...

Die Mythologie der Wikinger rankt sich um eine ganze Reihe von Göttern und Göttinnen und ist voller aufregender Geschichten. Die nordische Schöpfungsgeschichte besagt, dass es am Anfang, vor allem anderen, nur Ginnungagap gab – eine Leere, die so riesig war, dass kein Mensch sich ihre Größe auch nur vorstellen könnte. Nördlich und südlich von Ginnungagap lagen zwei alte Reiche – Niflheim und Muspellsheim.

Gegensätze ziehen sich an

In Muspellsheim im Süden war es so heiß, dass dort außer einem Feuerriesen namens Surtr und seinen Nachkommen niemand leben konnte. Er bewachte das brennende Land mit seinem Flammenschwert. Im Norden Ginnungagaps lag das eisig kalte Niflheim, die »Heimat des Nebels«. Die beiden Welten bewegten sich ganz langsam aufeinander zu, bis das Eis von Niflheim durch die glühende Hitze Muspellsheims langsam anfing zu schmelzen.

Wenn Welten zusammenstoßen

Aus dem Schmelzwasser, in das sich das Eis Niflheims durch die Hitze verwandelte, entstand der Eisriese Ymir und die Urkuh Audhumla. Während Ymir schlief, wurden aus seinem Achselschweiß und seinen Beinen weitere Eisriesen geboren. Audhumla produzierte Ströme von Milch. Aus einem Salzstein, an dem sie drei Tage lang leckte, entstand Buri, der erste der nordischen Götter.

Auf den Schultern eines Riesen

Buri bekam einen Sohn namens Borr. Der heiratete die Riesin Bestla, eine Nachkommin von Ymir. Die beiden bekamen drei Söhne: Odin, Vili und Vé – halb Riesen, halb Götter. Eines Tages zogen die Brüder gegen den Eisriesen Ymir in einen erbitterten Kampf und töteten ihn. Aus seinem Körper erschufen sie in der Leere von Ginnungagap die ganze Welt: Aus seinem Fleisch formten sie das Land, aus seinen Haaren Bäume und Gras, aus seinen Knochen türmten sie Berge auf, aus dem Riesenblut entstanden die Meere und Seen und aus Ymirs Zähnen Felsen und Klippen. All das wurde umschlossen von einem Himmelsgewölbe aus Ymirs Schädeldecke. Aus Ymirs Augenbrauen formten die Götter schließlich Midgard, die Heimat der Menschen.

Ask und Embla

Bei einem Spaziergang am Meeresstrand ihrer neuen Welt entdeckten die drei Götter eine Esche und eine Ulme, die dicht beieinanderstanden. Odin hauchte den beiden Bäumen Leben ein, Vili gab ihnen Gefühle, und Vé schenkte ihnen Verstand. Die Brüder nannten den Mann Ask (Esche) und die Frau Embla (Ulme). Diese beiden waren die ersten Menschen und Mutter und Vater der gesamten Menschheit.

GENIALE GOTTHEITEN

Die Wikinger glaubten an Dutzende von Göttern. Die meisten gehörten den beiden wichtigsten Götterfamilien an: den Asen und den Wanen. Jeder Gott und jede Göttin hatte eine einzigartige Persönlichkeit und ganz besondere Kräfte.

Ein kluger Kopf
Mímir war der weiseste aller Götter und Ratgeber von Odin. Das magische Wasser aus seinem Zauberbrunnen verlieh jedem, der davon trank, große Weisheit. Odin tauschte eines seiner Augen für einen Schluck davon ein.

Der Allvater
Odin war der einäugige, weise Anführer der Asen. Er wachte mit seinen zwei Zauberraben über Midgard. Seine Frau Frigg, die Königin von Asgard, war die Göttin des Lebens, der Weisheit und der Voraussicht.

Der Sohn des Donners
Thor, Sohn Odins und Ehemann der goldhaarigen Göttin Sif, war sehr hitzköpfig und stark. Wenn seine zwei störrischen Ziegenböcke seinen Streitwagen über den Himmel zogen, donnerte es. Sein magischer Hammer Mjölnir wurde von den Zwergen geschmiedet und konnte ganze Berge platt machen.

Göttlicher Gesang
Bragi, der Ehemann der Göttin Idun, war der Dichter und Geschichtenerzähler der Götter. Er konnte wundervoll singen und war besonders klug.

Fantastische Früchte
Die Göttin Idun besaß goldene Zauberäpfel, die die Götter aßen, um jung zu bleiben. Eines Tages wurde Idun von Loki überlistet und von einem Riesen entführt. Die Götter begannen sofort zu altern und wurden zornig. Sie zwangen Loki, Idun zurückzuholen, und töteten den Riesen.

Großartige Geschichten
Die großen Sagen der nordischen Mythologie von Krieg, Unglück, Sieg, Liebe und Zauberei spielten im Leben der Wikinger eine wichtige Rolle. Sie kannten die Geschichten auswendig und gaben sie von Generation zu Generation weiter, teils durch Erzählen, teils indem sie sie in Runen, den altnordischen Schriftzeichen, in Stein und andere Materialien ritzten. Die meisten alten Schriftstücke, die uns von den nordischen Göttern erzählen, stammen von Reisenden aus anderen Ländern, die bei den Wikingern zu Besuch waren, oder Europäern, die kurz nach dem Ende der Wikingerzeit über sie berichteten.

LOKIS KINDER

Der hinterlistige Loki war ein Formwandler und machte den Asen ständig Ärger. Er hatte viele fantastische Nachkommen, darunter Odins achtbeiniges Pferd Sleipnir, einen schrecklichen Wolf namens Fenris, Hel, die Göttin der Unterwelt, und die ständig wachsende Schlange Jörmungandr. Diese Seeschlange war das größte Wesen im nordischen Kosmos, selbst größer als die Riesen. Es ist nicht verwunderlich, dass sich die anderen Götter wegen Lokis unheimlicher Familie Sorgen machten. Sie verbannten Jörmungandr in den Ozean von Midgard. Indem sich die Schlange in den Schwanz biss, umringte sie die ganze Menschenwelt.

Unter der Oberfläche

Die halb tote, halb lebendige Göttin Hel wurde von Odin nach Helheim verbannt. Wer als guter Mensch gelebt hatte und schließlich durch Krankheit oder Alter gestorben war, hatte es gut dort. Aber böse Menschen mussten an einem kalten, düsteren, von Schlangen bevölkerten Teil Helheims namens Naströnd dafür büßen.

Fest verschnürt

Den schrecklichen Wolf Fenris hatten die Asen vorsichtshalber schon als Junges zu sich genommen, um ihn im Auge zu behalten. Aber das Wolfsjunge wuchs rasend schnell zu einem riesigen Ungeheuer heran. Die Götter bekamen Angst und beschlossen, Fenris zu fesseln und anzubinden. Aber der Wolf konnte sich immer wieder mühelos von den stärksten Ketten befreien. Also versuchten sie es mit Zauberseilen, die die Zwerge aus Schwarzalbenheim für sie hergestellt hatten.

Von der Hand in den Mund

Die listigen Götter machten Fenris vor, sie wollten ihn nur fesseln, um seine Kraft zu testen. Fenris wusste zwar nicht, dass die Seile verzaubert waren, aber er traute den Göttern nicht. Er wollte sich nur anbinden lassen, wenn einer der Götter ihm als Pfand die Hand ins Maul legen würde. Tyr, der mutige Gott des Rechts und der Gerechtigkeit, meldete sich freiwillig. Bei dem verzweifelten Versuch, sich von den Zauberfesseln zu befreien, biss Fenris Tyr die Hand ab. Das war kein zu hoher Preis, denn nun war Fenris ein für alle Mal gefangen und konnte keinen Schaden mehr anrichten.

ASGARD

Asgard war eine der neun Welten im Kosmos der Wikinger und die Heimat vieler nordischer Götter. Die Wikinger stellten sich Asgard als paradiesischen Ort vor, an dem jede Gottheit ihren eigenen prächtigen Palast aus Gold oder Silber bewohnte. Eine mächtige Steinmauer umschloss das Reich und schützte die Asen vor ihren Feinden, den Riesen.

Krieg der Welten

Für die Wikinger gab es zwei Göttergeschlechter: Die Asen mit Odin und Thor waren hervorragende Krieger, während die Wanen wie Njörd, Freya und Freyr besondere Zauberkräfte besaßen. Einmal zogen die beiden Götterfamilien gegeneinander in den Krieg. Nach langen, erbitterten Kämpfen mit vielen Verlusten auf beiden Seiten vereinbarten sie einen Waffenstillstand. Um den Frieden zu sichern, bestimmte jedes Geschlecht einen Gott aus der eigenen Familie, der fortan in der Welt der anderen leben sollte.

Das Haus der Gefallenen

Einer der berühmtesten Orte in Asgard ist Walhall, ein prachtvolles Gebäude mit einem Dach aus Schilden und Speeren. Walhall heißt übersetzt »Haus der Gefallenen«. In diesem Gebäude ließ Odin eine Hälfte der tapfersten, in der Schlacht gefallenen Wikingerkrieger wohnen. Die andere Hälfte reiste nach Folkwang, dem Wohnort der Wanengöttin Freya. Tagsüber trainierten die Krieger in Walhall im Kampf miteinander ihre Fähigkeiten, nachts heilten ihre Wunden wieder, und sie feierten fröhlich.

Heldenhaustiere

In Asgard gab es jede Menge Tiere, auch in Walhall. Die Tore zum großen Saal wurden von Wölfen bewacht, hoch über dem Gebäude kreiste majestätisch ein Adler. Auf dem Dach standen ein Hirsch namens Eikthyrnir und eine Ziege namens Heidrun. Sie ernährten sich vom Laub des goldenen Baumes Lärad. Statt Milch gab Heidrun unbegrenzte Mengen von Met, einer Art Honigwein, den die von Odin auserwählten Wikinger jede Nacht beim Feiern in Walhall tranken.

ZU HAUSE

WIKINGERALLTAG

Die meisten Skandinavier der Wikingerzeit führten ein einfaches Leben als Bauern. Auf kleinen Höfen bauten sie Getreide an und hielten Tiere. Die Familien lebten in Langhäusern, sehr langen rechteckigen Gebäuden mit stroh- oder holzgedeckten Dächern. Die Männer gingen auf Erkundungsfahrt, jagten und bearbeiteten das Land, während die Frauen meist den Haushalt führten, Kleidung herstellten, das Essen zubereiteten und die Familie versorgten. Nachdem die Wikinger begonnen hatten, in ganz Europa herumzufahren, um zu rauben und Handel zu treiben, entstanden überall in Skandinavien auch Handelsstädte.

Haus und Heim

In den bis zu 70 Meter langen Langhäusern lebten Großeltern, Eltern und viele Kinder zusammen. Innen war meist nur ein einziger großer Raum, in dem die ganze Familie schlief, kochte, aß und auch sonst alles machte. Um so ein Haus zu bauen, wurde ein Rahmen aus Holz mit Steinen, Erde, Flechtwerk oder Hüttenlehm (ein Gemisch aus Lehm und Pflanzenfasern) ausgefüllt. In Island wurden wegen der wenigen Bäume Mauern komplett aus Steinen gebaut und die Dächer mit Grasnarbe gedeckt.

Vom Land leben

Auf fruchtbarem Ackerland bauten die Wikinger Nahrungsmittel an. Die Ernte war mühsam und anstrengend, oft musste die ganze Familie einschließlich der Kinder dabei helfen. Die Wikinger hielten aber auch Nutztiere wie Kühe, Schweine und Ziegen, um sich mit Fleisch und Milch zu versorgen. Sie jagten Rotwild, Wale und sogar Bären wegen des Fleisches und der Felle und fingen Fische in Flüssen, Seen und im Meer. Gewöhnlich wurde zweimal am Tag, morgens und abends, gegessen. Auf dem Speiseplan eines echten Wikingers standen vor allem folgende Nahrungsmittel:

GEORDNETE GESELLSCHAFT

Die Gesellschaft der Wikingerzeit war in vier klar voneinander getrennte Klassen aufgeteilt. Ganz oben standen die Könige oder Häuptlinge, verdienstvolle, tapfere Männer, die sich in Schlachten bewährt hatten. Unter ihnen standen die Jarls, die Oberhäupter besonders reicher und mächtiger Sippen, Grundbesitzer und Anführer einer Dorfgemeinschaft. Diese Dorfgemeinschaft bestand aus den Karls, einfachen Bauern, Handwerkern und Kriegern. Auf der untersten Stufe standen die Leibeigenen wie rechtelose Sklaven, die auf den Höfen ihrer Herren arbeiteten.

Furchtlose Frauen

Wenn die Männer unterwegs waren, kümmerten sich zu Hause die Frauen um alles: Sie gingen auf die Jagd, bewirtschafteten das Land oder führten das Familiengeschäft. Sie hatten mehr Rechte und größere Freiheiten als die Frauen in den meisten anderen Gesellschaften dieser Zeit und konnten sogar eigenes Land besitzen. Einige Sagen berichten auch von den Abenteuern sogenannter Schildmaiden, mutiger Kriegerinnen, die sich dem Kampf verschrieben hatten. Ob Wikingerinnen auch in die Schlacht zogen, ist noch nicht eindeutig geklärt.

Tot und begraben

Die Wikinger glaubten an ein Leben nach dem Tod. Deshalb waren ihnen Bestattungsrituale wichtig. Die Toten wurden entweder beerdigt oder verbrannt. Bei der Verbrennung glaubte man, dass der Rauch den Toten in die nächste Welt tragen würde. Die Art der Bestattung hing davon ab, welche Stellung jemand im Leben hatte. Einige reiche Wikinger, die im Kampf gefallen waren und darauf hoffen konnten, nach Walhall zu kommen, wurden in Booten oder sogar Schiffen bestattet. Bauern und Handwerker wurden mit Werkzeugen beerdigt, Krieger nahmen ihre Waffen mit ins Jenseits und reiche Frauen ihren Schmuck. Leibeigene hatten meist nichts, das sie hätten mitnehmen können.

Grabbeigaben

Wikinger der Oberschicht, Jarls und Häuptlinge, wurden nach ihrem Tod meist in ein mit allerlei Schätzen und Schnickschnack beladenes Boot gelegt, damit es ihnen auf der Reise ins Totenreich an nichts fehlte. Oft begleiteten sie auch ihre Lieblingstiere in die nächste Welt.

Grandiose Gräber

Schiffsgräber aus der Wikingerzeit wurden in ganz Skandinavien, England, Schottland und Osteuropa gefunden. Im Juli 2019 wurde im schwedischen Uppsala ein völlig intaktes Bootsgrab mit den Überresten eines männlichen Wikingers, eines Pferdes und eines Hundes, vielen Waffen und allerlei Kleinkram ausgegraben. In der Nähe von Tønsberg in Norwegen wurde das 1200 Jahre alte und 22 Meter lange Oseberg-Schiff gefunden. Es hatte zwei weibliche Skelette, einen verzierten Wagen aus Holz, kunstvolle Schlitten, Werkzeuge, Stoffe, Schmuckstücke, fünfzehn Pferde, sechs Hunde und zwei Kühe an Bord.

WIKINGERTIERE

Hunde halfen den Bauern dabei, die Weidetiere zu hüten, und reiche Wikinger schmückten sich gern mit exotischen Tieren wie Pfauen. Wie wichtig den Wikingern ihre Tiere waren, bezeugen alte Schriften und Gräber, in denen Haustiere mit ihren Besitzern beigesetzt wurden.

Ein summendes Geschäft
Im Süden Skandinaviens, wo es etwas wärmer war, hielten die Menschen Bienen. Aus dem Honig wurde ein alkoholisches Getränk namens Met gebraut, das in ganz Europa mit viel Gewinn verkauft wurde.

Killerkatzen
Skandinavische Wildkatzen, sogenannte Skogkatts, waren größer und wilder als unsere Hauskatzen. Die Wikinger schätzten sie als hervorragende Jäger und hielten sie, um die Wohnhäuser mäuse- und rattenfrei zu halten. Die Katzen gingen auch mit auf Seereisen, damit sich auf den Schiffen kein Ungeziefer breitmachte.

Der beste Freund des Wikingers
Wikinger hielten verschiedene Hunderassen für verschiedene Aufgaben: für die Jagd, als Hütehunde oder als treue Begleiter. Die größten und stärksten Hunde wurden für die Jagd auf große Tiere wie Elche und Bären abgerichtet, andere waren zuverlässige Spürhunde.

Hausbären
Es war nicht ungewöhnlich, Braunbären als Haustiere zu halten. Man fing sich in der Wildnis ein Bärenjunges und zog es dann zu Hause groß. Je größer die Bärchen wurden, desto schwieriger wurde es natürlich, sie zu halten. In Island und Grönland wurden wohl auch Eisbären als Haustiere gehalten, das war aber eher selten. Häufiger verschenkten reiche Wikinger aus dem kalten Norden Eisbären an europäische Könige, um sich gut mit ihnen zu stellen.

Helfer am Himmel
In Grönland, Norwegen, Schweden und Island züchteten und trainierten reiche Wikinger Falken für die Kleintierjagd und verkauften sie in ganz Europa. Einen Gerfalken, die größte Falkenart, zu besitzen, galt unter europäischen Königen als besonderes Statussymbol.

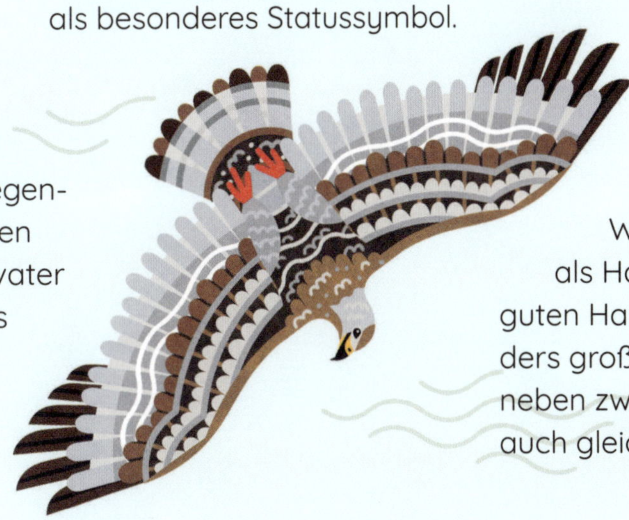

Rabenreporter
Die großen schwarzen Vögel waren allgegenwärtig: auf Schnitzereien, Flaggen, Schilden und in der nordischen Sagenwelt. Göttervater Odin hatte zwei Raben, die ihm über alles Bericht erstatteten, was in Midgard passierte.

Exotische Schönheiten
Von sehr weit her, aus Indien, brachten die Wikinger Pfaue mit. Reiche Leute hielten sie als Haustiere, um damit ihren Wohlstand und ihre guten Handelsbeziehungen zu zeigen. In dem besonders großen Schiffsgrab in Gokstad, Norwegen, wurden neben zwei Habichten, acht Hunden und zwölf Pferden auch gleich zwei Pfauen gefunden.

Heilige Kuh
Rinder wurden wegen ihrer Milch, ihres Fleisches, ihrer Haut und ihrer Kraft geschätzt. Sie zogen Karren zum Warentransport. Stiere wurden auch häufig bei Festen zu Ehren der Götter geopfert.

Weich und wollig
Schafe lieferten Milch, Fleisch und Wolle. Besonders beliebt als Wollschaf war das Manx Loaghtan, eine seltene Schafsrasse mit bis zu sechs Hörnern, weil es seine Wolle von allein abwirft. Mit Wikingerbauern, die sich in Großbritannien niederließen, kam auch diese Schafart übers Meer. Heute gibt es sie nur noch auf der englischen Isle of Man.

Auf dem Bauernhof
Auf den meisten Wikingerhöfen gab es Pferde, Schweine, Federvieh und Ziegen, im hohen Norden außerdem Rentierherden. Viele Tiere zu besitzen, war ein Zeichen von Erfolg und Wohlstand. Die reichsten Wikinger hielten Hunderte von Tieren.

HÖCHSTE HANDWERKSKUNST

Wie hoch entwickelt die Kultur der Wikinger war, zeigen uns die vielen erhaltenen Artefakte. Die Wikinger waren sehr geschickte Handwerker und schufen kunstvolle Gegenstände, von Töpferware und Schmuck über Musikinstrumente bis zu tödlichen Waffen. Sie sprachen Altnordisch, und ihre Schrift bestand aus 16 Buchstaben, den Runen. Das Alphabet daraus hieß Futhark. Die Wikinger ritzten und schnitzten ihre Schrift in Stein, Holz, Knochen und dekorative Gegenstände.

Ein Runenstein Jelling mit rekonstruierter Farbe

Geschichtensteine

In Europa gibt es mehr als 3000 Runensteine, die meisten davon in Skandinavien. Ursprünglich waren diese riesigen verzierten Steine leuchtend bunt bemalt. Einige von ihnen weisen auf bedeutende Ereignisse und Menschen hin, andere erzählen ganze Geschichten. Diese steinernen »Hinweisschilder« wurden zum Beispiel am Rand einer vielgenutzten Straße oder an Brücken aufgestellt.

Handwerksprodukte

In Stein gemeißelt

Um das Jahr 965 ließ König Harald Blauzahn in einem dänischen Dorf namens Jelling einen großen Runenstein aufstellen. König Harald war es gelungen, ganz Dänemark unter seiner Herrschaft zu vereinen und das Christentum zu verbreiten. Der Stein erzählt davon. Neben dem großen steht noch ein etwas kleinerer, wahrscheinlich älterer Runenstein. Zusammen sind sie als die Runensteine von Jelling weltberühmt.

Faszinierende Funde
Überall in Europa haben Archäologinnen und Archäologen Gegenstände ausgegraben, die von den Wikingern stammen, darunter Becher, Schwerter, Truhen, Münzen und Kämme. Außerdem wurden Massengräber, ganze Wagen und Reste von Langhäusern entdeckt.

Der Hort eines Königs
Im Januar 2018 fanden zwei Bodendenkmalpfleger, darunter ein dreizehnjähriger Schüler, bei Schaprode auf der Insel Rügen mit einem Metalldetektor ein glänzendes Stück Metall. Bei der Untersuchung stellte sich heraus, dass es sich um eine Silbermünze aus der Wikinger-Handelsstadt Haithabu in Dänemark handelte. Schon bald zeigte sich, dass die Münze nur ein Teil eines viel größeren Fundes war ...

SAGEN

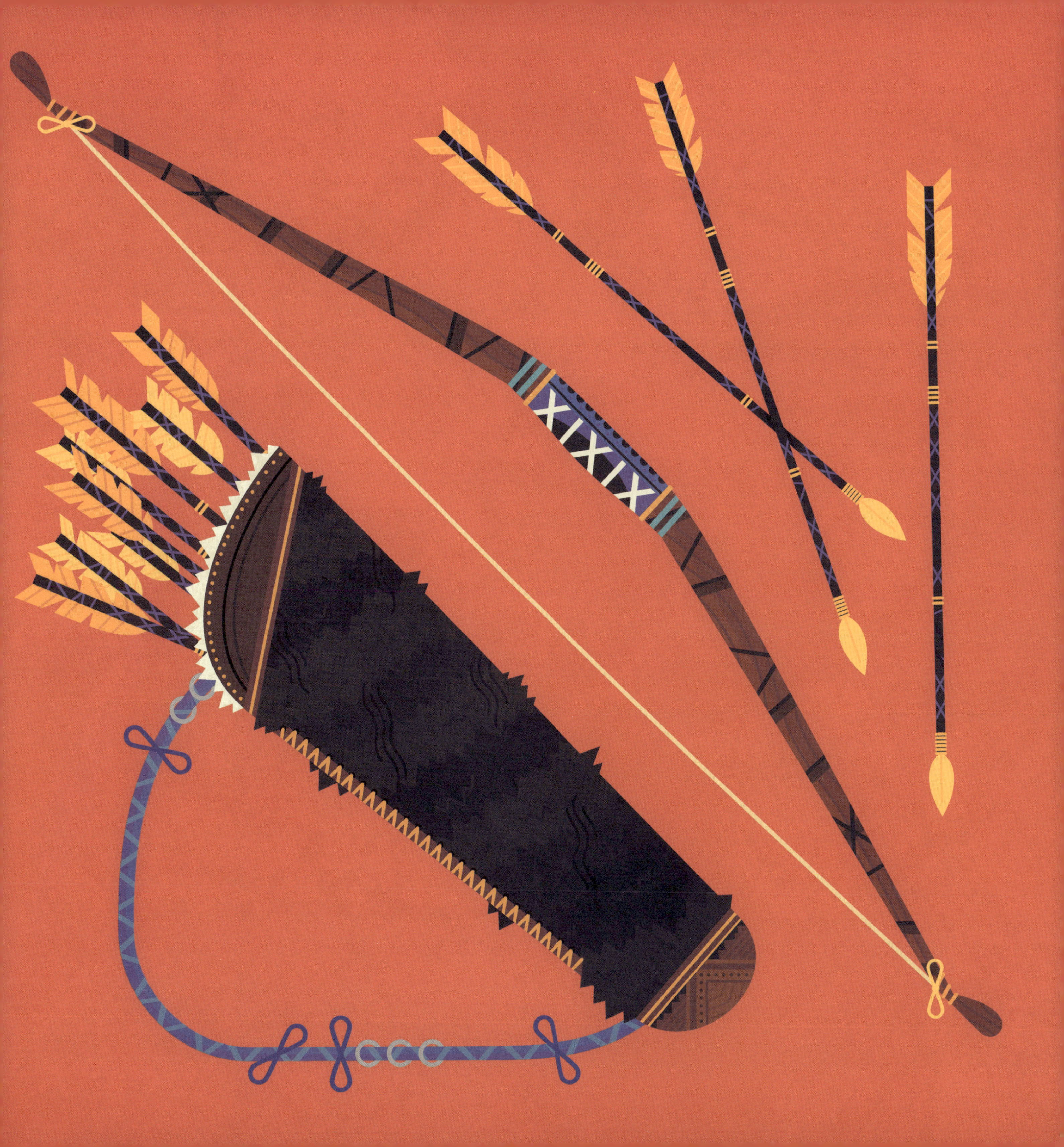

GRETTIR DER STARKE

Es gibt nur wenige Geschichten, in denen noch mehr Ungeheuer vorkommen als in der 93 Kapitel langen isländischen Sage von dem gesetzlosen Grettir. Grettir war klug und mutig, aber auch sehr aufbrausend. Er wuchs als Sohn reicher Eltern auf. Seine Mutter liebte ihn sehr, aber sein Vater Asmund Langhaar sah ihn als Nichtsnutz. Mit erst 16 Jahren wurde er wegen eines Kampfes aus seiner Heimat verbannt und beschloss, in die weite Welt zu ziehen. Grettir stach in See, und das Abenteuer begann.

Karr der Alte

Als Erstes landete Grettir auf einer Insel, auf der ein mächtiger Häuptling namens Thorfinn herrschte. Dessen Vater Karr der Alte war nach seinem Tod mit vielen Schätzen beigesetzt worden. Grettir beschloss, diese zu stehlen. Aber Karr ging immer noch als untoter Draugr, ein Wiedergänger mit übernatürlichen Kräften, auf der Insel um. Kaum hatte Grettir angefangen zu graben, griff ihn der Draugr an. Sie kämpften erbittert, bis Grettir Karr schließlich mit einem Schwerthieb den Kopf abschlagen konnte.

Ein böser Bär

In Norwegen stieg Grettir auf einen hohen Berg, um einen schrecklichen Bären zur Strecke zu bringen. Dieser hatte die Bewohner eines nahegelegenen Hofes in Angst und Schrecken versetzt. Sofort stürmte die Bestie auf Grettir zu, als der sich näherte. Mit einem gekonnten Schwung seines Schwertes schlug Grettir dem Bären eine Pranke ab. Miteinander ringend stürzten beide über die Felskante hinunter in die Schlucht. Grettir landete auf dem Bären und überlebte so den Sturz.

Trollterror

Eines Winters kam Grettir auf einen Hof, der immer wieder von Trollen überfallen wurde. Mitten in der folgenden Nacht wurde auch der Held von einer riesigen Trollfrau angegriffen. Die beiden kämpften so wild miteinander, dass dabei der halbe Hof zu Bruch ging. Schließlich schlug Grettir dem Ungeheuer einen Arm ab, sodass es floh und nicht weit entfernt einen Wasserfall hinunterstürzte. Grettir fand dort eine gewaltige Höhle – in der noch ein zweiter Troll wohnte! Grettir besiegte natürlich auch diesen, und die Hofbewohner hatten wieder Ruhe!

Noch mehr Untote

Der Besitzer eines anderen Hofes erzählte dem Helden von Glam. Der riesengroße Kerl, der als Schafhirte auf dem Hof gearbeitet hatte, war auf geheimnisvolle Weise ums Leben gekommen. Nun machte er die Gegend als gruseliger Draugr unsicher und tötete das Vieh und manchmal auch Menschen. Also legte sich Grettir eines Nachts in einem der Häuser auf die Lauer und wartete ...

Glams Fluch

Über das Pfeifen des Windes hinweg hörte Grettir auf einmal schwere Schritte näher kommen. Plötzlich ragte Glams mächtige Gestalt über ihm auf. Der grauenhafte Draugr packte den Helden und zerrte ihn nach draußen. Grettir kam auf die Beine, packte sein Schwert und überrumpelte Glam. Der Draugr war zwar besiegt, aber er belegte Grettir mit einem Fluch: Der Held sollte niemals Frieden finden und bis ans Ende seiner Tage ein Geächteter bleiben.

Das Ende des Gesetzlosen

Grettir lebte 20 weitere Jahre als Geächteter. Das Ende seines Lebens, das er auf der isländischen Insel Drangey verbrachte, war geprägt von Unglück und Einsamkeit. Eines Tages belegte ihn eine Hexe, die er verärgert hatte, mit einem weiteren Fluch, den sie in Runenschrift in einen Baumstumpf ritzte. Grettir verletzte sich am Bein, die Wunde heilte nicht, und schließlich wurde Grettir von dem Ziehsohn der Hexe erschlagen. Später spürte Grettirs Halbbruder den Mörder auf und rächte den Helden, der so vielen Menschen Gutes getan hatte.

SIGURD DER DRACHENTÖTER

Eine andere Sage beginnt damit, dass Loki, Odin und Hönir, ein weiterer Gott, einen Otter sahen, der in einem Wasserfall in Midgard Fische fing. Loki tötete und häutete das Tier. Das Fell brachte er dem Zwerg Hreidmar, der in der Nähe lebte. Er hoffte, Hreidmar würde die Götter für das Otterfell in seinem Haus übernachten lassen. Aber der Zwerg und seine beiden Söhne Fafnir und Reginn waren außer sich, als sie das Geschenk sahen: Der Otter war der verwandelte dritte Sohn gewesen. Odin versprach daraufhin dem trauernden Vater einen gewaltigen Goldschatz. Widerwillig nahm Hreidmar das Angebot schließlich an.

Der verfluchte Ring

Loki machte sich also auf den Weg nach Schwarzalbenheim zu einem Zwerg namens Andvari. Dieser sollte ihm genug Gold aus den unterirdischen Höhlen überlassen, um Hreidmar zu versöhnen. Andvari wollte seinen Schatz aber nicht hergeben. Er verwandelte sich in einen Fisch und versuchte, Loki zu entkommen. Aber Loki erwischte ihn, so dass Andvari dem Gott das Gold überlassen musste. Einen einzigen Ring hielt der Zwerg heimlich zurück, aber der schlaue Loki ließ sich nicht täuschen. Andvari belegte das Schmuckstück aber noch schnell mit einem Fluch: Der Ring sollte jeden zugrunde richten, der ihn besaß.

Fafnirs Verwandlung

Die Götter überbrachten Hreidmar den Schatz, aber der verfluchte Ring begann schon bald zu wirken. Fafnir wurde von einer wahnsinnigen Gier erfasst und tötete seinen Vater, um den Schatz für sich allein zu behalten. Nach dieser schrecklichen Tat verwandelte er sich in einen furchtbaren Drachen, brachte den Hort weit fort in eine Höhle und setzte sich darauf, um ihn zu bewachen.

Ein Hengst für einen Helden

Hreidmars anderer Sohn Reginn wurde Schmied. Er nahm einen Jungen namens Sigurd bei sich auf und erzog ihn zu einem tapferen und starken jungen Mann. Eines Tages wollte Sigurd im Wald ein Pferd fangen und begegnete dort einem alten, einäugigen Mann, der ihm ein herrliches graues Pferd anbot. Der Alte behauptete, das Tier sei ein Sohn von Sleipnir, Odins achtbeinigem Hengst. Woher er das wusste? Der alte Mann war Odin in Verkleidung. Sigurd nahm das Pferd dankend an und gab ihm den Namen Grani.

Die Waffe der Wahl

Eines Tages erzählte Reginn Sigurd von Fafnir und dem Schatz. Sigurd war entsetzt und beschloss, den Drachen zu besiegen. Er brauchte nur noch das richtige Schwert. In höchster Schmiedekunst schmiedete Reginn aus Sigurds gebrochenem Schwert Gram, das er von seinem Vater geerbt hatte, eine neue Klinge. Als Sigurd mit dem wunderbaren Schwert auf den Amboss einschlug, zerbarst dieser in zwei. Nun hatte er alles, was er brauchte, um Fafnir gegenüberzutreten.

PFEIL-ODD

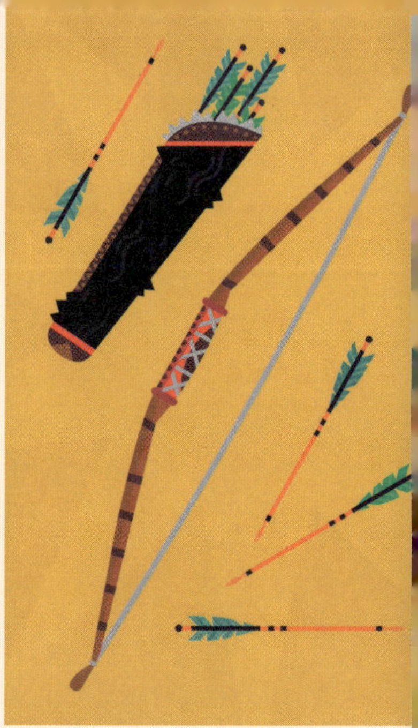

Die isländische Sage von Pfeil-Odd wurde im 13. Jahrhundert aufgeschrieben. In dieser Geschichte spielt zum ersten Mal in einer nordischen Sage ein Riesenkrake mit! Odd wuchs als Sohn von Grim Lodinkinni in Norwegen auf. Eine Hexe weissagte ihm, dass er eines Tages in seiner Heimatstadt durch sein Pferd Faxi zu Tode kommen würde. Das erschreckte Odd so sehr, dass er sein geliebtes Pferd tötete und seine Heimat verließ, um in der weiten Welt Abenteuer und Reichtum zu finden. Zum Abschied schenkte sein Vater Odd einen Köcher mit Zauberpfeilen, die von alleine flogen, immer trafen und nach jedem Schuss zurückkehrten.

Wellen schlagen
Mit seinen Männern bereiste Odd ganz Nordeuropa. Sie raubten, bekämpften Ungeheuer und stürzten Könige. Sie wagten sich sogar bis nach Jötunheim, das Land der Riesen, um gegen jeden Feind zu kämpfen, der mutig genug war, sich ihnen in den Weg zu stellen.

Zum Töten gekleidet
In Irland begegnete Odd seiner Frau Olvor. Sie nähte ihm ein goldbesticktes Zauberhemd, in dem er niemals fror, Hunger verspürte oder müde wurde. Außerdem schützte es ihn vor Feuer und in der Schlacht vor den Schlägen eiserner Waffen – es sei denn, er rannte davon.

Die Rache der Permianer
Während seiner Abenteuer machte sich Odd viele Feinde, darunter die Bewohner von Permia, die er einmal beraubt hatte. Um sich zu rächen, erschufen die Permianer einen schrecklichen Halbtroll namens Ogmund. Ogmund war ein heimtückischer Bösewicht ohne Ehre und tötete viele von Odds Freunden, seinen Bruder Thord und seinen Sohn, einen Halbriesen.

Aus tiefsten Tiefen

Auf der Jagd nach Ogmund kamen Odd und seine Männer nicht weit von Grönland entfernt an zwei schroffen, felsigen Inseln vorbei. Wenig später waren die Inseln plötzlich verschwunden. Wie sich herausstellte, war es Hafgufa gewesen, ein gewaltiges Seeungeheuer, das Wale und Schiffe mit einem Happs verschlingen konnte. Aber das war längst nicht das letzte seltsame Wesen, dem Odd auf dieser Reise begegnen sollte. Eines Tages entdeckten sie eine geheimnisvolle, ganz mit Heidekraut bewachsene Insel. Kaum hatten Odds Kundschafter deren Küste erreicht, da bebte die Insel, tauchte unter und riss die Männer mit sich in die Tiefe. Es war Lyngbakr, ein anderes Seeungeheuer, das Ogmund geschickt hatte, um Odd zu töten.

Das Schicksal herausgefordert

Im stolzen Alter von 300 Jahren hatte Odd unzählige Feinde besiegt und hatte Heimweh. Er beschloss, in seine Heimat zurückzukehren. Zu Hause angekommen, ging er zum Grab seines Hengstes Faxi, um die Götter dafür zu verspotten, dass die Weissagung, vor der er ein Leben lang davongelaufen war, nicht eingetreten war. Hochmütig setzte er den Fuß auf Faxis Schädel und scheuchte dabei eine giftige Schlange auf, die dort ihr Nest hatte. Die Schlange biss Odd ins Bein und tötete ihn. Odds Schicksal hatte sich erfüllt.

WEIT ÜBERS MEER

ÜBERALLHIN

Ende des 8. Jahrhunderts begannen die Skandinavier, sich in mehreren Wellen über die halbe Welt auszubreiten. Zunächst waren es nur kleinere Gruppen von Wikingern, die mit ihren Schiffen an fremden Küsten landeten, Dörfer und Städte plünderten und im Winter nach Hause zurückkehrten. Ab dem 9. Jahrhundert wuchsen die Trupps zu richtigen Horden heran. Immer häufiger siedelten sie sich in den Regionen, die sie überfallen hatten, an und bauten dort Häuser, Höfe und Handelsstationen.

Nachdem der Wikingerhäuptling Erik der Rote aus Norwegen und Island verbannt worden war, landete er 982 auf Grönland. Wahrscheinlich nannte er es »Grünes Land«, um mehr Menschen dazu zu bringen, sich dort anzusiedeln. Schließlich landeten vierzehn Schiffe aus Island mit Familien, Tieren und Baumaterial auf der Insel. Diese Menschen gründeten die erste und bis ins 15. Jahrhundert einzige europäische Siedlung dort.

Heute nimmt man an, dass sich gegen Ende des 9. Jahrhunderts mehr als 10 000 Wikinger in Island ansiedelten. Dort gab es fruchtbares Ackerland, unberührte Wälder und Flüsse, in denen es vor Fischen nur so wimmelte.

Großbritannien bekam die Raub- und Reiselust der Wikinger, die mit der Plünderung der Klosterinsel Lindisfarne im Jahr 793 begann, mit voller Wucht zu spüren. Sie eroberten ganze Städte, darunter im Jahr 841 Dublin in Irland. Danach entwickelte sich Dublin zu einem bedeutenden Handelsknotenpunkt der Wikinger mit guten Verbindungen in viele andere Länder.

1001 betraten Leif der Glückliche, der Sohn Eriks des Roten, und seine Männer als erste Europäer nordamerikanischen Boden. Sie nannten ihre Entdeckung Vinland. Bald darauf ließ sich eine Gruppe auf dieser Insel, die heute als Neufundland bekannt ist, nieder. Nach einigen Auseinandersetzungen mit den Einheimischen gaben sie den Plan allerdings wieder auf.

Im Jahr 859 überfiel eine Wikingerflotte aus 62 Schiffen unter dem schwedischen Wikingerhäuptling Björn Eisenseite viele Städte an den Küsten Spaniens, des Mittelmeers und Nordafrikas.

Die Ureinwohner Nordskandinaviens, die Samen, trieben Handel mit den Wikingern. Bis heute leben die Samen noch fast genauso wie ihre Vorfahren damals.

Die Wikinger, die sich im Osten Europas niederließen, wurden »Rus« genannt. Daher stammt auch der heutige Name der Region, »Russland«. Zwischen dem 9. und dem 11. Jahrhundert folgten die Rus plündernd den Flussläufen ins Landesinnere und bis zum Kaspischen Meer.

Das heutige Frankreich und seine Nachbarländer waren im 9. Jahrhundert Ziel vieler Wikingerraubzüge. Im Jahr 885 belagerten Wikingerhorden ein ganzes Jahr lang Paris, aber es gelang ihnen nicht, die Stadt zu erobern.

Skandinavier trieben auch in den Wüstenregionen des Nahen Ostens Handel mit exotischen Waren. Die Schätze der nicht weit entfernten Stadt Konstantinopel (im Nordwesten der heutigen Türkei) zogen aber auch andere Wikinger magisch an. Im Jahr 860 plünderten Rus-Heere das Umland Konstantinopels, drangen aber nicht bis in die Stadt vor. Einzelne Wikingerkämpfer kehrten später zurück, um als Mitglieder einer Söldnertruppe namens Warägergarde reiche Fürsten zu beschützen.

Am Hafen von Piräus in Griechenland stand einst eine mächtige steinerne Löwenstatue. Ein Wikinger verewigte sich in langen Streifen von Runenschrift darauf.

KLASSE KÄHNE

Einen großen Teil ihres Erfolgs verdankten die skandinavischen Seefahrerstämme der Wikingerzeit ihren Schiffen. Die Wikinger bauten verschiedene Schiffe für unterschiedliche Zwecke: von kleinen Ruderbooten namens Færing bis zu den legendären Langschiffen, mit denen sie in den Krieg zogen und um die Welt fuhren. Das als Skuldelev 2 bekannte Langschiff aus dem 11. Jahrhundert, das neben vier weiteren in Dänemark gefunden wurde, ist länger als ein Blauwal! Die Schiffe konnten sowohl mit Segeln als auch mit Rudern angetrieben werden, sodass sie auf Flüssen, Fjorden und dem offenen Meer fahren konnten.

Wertvolle Fracht
Die Schiffsbauer konstruierten auch Frachtschiffe. Diese sogenannten Knorrs fassten große Mengen von Handelswaren, Nachschub für Wikingerheere in der Schlacht oder Material für Siedlungen an neu erschlossenen Küsten. Ein Knorr konnte bis zu 24 Tonnen tragen, also ungefähr das Gewicht von vier afrikanischen Elefanten.

Schiffsbau

Ein Langschiff zu bauen, war nicht einfach. Erst mussten die Schiffsbauer große, stabile Bäume finden und fällen. Wie die meisten Wikingerboote waren auch die Langschiffe in Klinkerbauweise gebaut: Der Rumpf bestand aus überlappenden Planken, die mit Eisennieten verbunden wurden. Am Ende wurden alle Ritzen und Löcher mit einer Mischung aus Fell oder Moos und klebrigem Teer versiegelt. Die Segel wurden oft zusätzlich mit Tierfett bestrichen, um sie haltbarer zu machen. Taue wurden aus Pflanzenfasern, Tierhaaren oder -häuten gedreht.

Nautische Navigation

Die Wikinger besaßen keine modernen Navigationsinstrumente. Sie orientierten sich an der Sonne und den Sternen. Um von Skandinavien aus nach Westen zu fahren, zum Beispiel nach England und über den Atlantischen Ozean, fuhren die Schiffe in Richtung Sonnenuntergang. Wollten die Seefahrer nach Osten, steuerten sie auf die aufgehende Sonne zu. Bei Nacht konnten die Wikinger ihre Position und die Richtung, in die sie fahren mussten, anhand der Sterne bestimmen. Manchmal nahmen sie Raben im Käfig mit. Ließ man einen davon frei, flog er höchstwahrscheinlich direkt in Richtung Land. Dann mussten sie ihm nur noch folgen.

Die Uunartoq-Scheibe

1948 wurde in Uunartoq, Grönland, die Hälfte einer tausend Jahre alten hölzernen Scheibe entdeckt. Es wird vermutet, dass es sich dabei um einen einfachen Sonnenkompass, ähnlich einer Sonnenuhr, handelt, den die Wikinger zum Navigieren auf dem Meer benutzten. Der Schatten, den ein Holzstab in der Mitte auf die Scheibe warf, zeigte den Sonnenstand und damit die Richtung, in die man steuern musste (siehe rechts). Um den Sonnenstand zu bestimmen, könnten die wikingischen Seeleute auch Kristalle verwendet haben, die das Sonnenlicht bei bedecktem Himmel sichtbar machen konnten.

SCHÄTZE AUS DER FERNE

Viele unglaubliche Funde aus der Wikingerzeit beweisen, wie weit deren Handelsbeziehungen reichten. Wikingische Händler legten beeindruckende Entfernungen zurück, um Waren, von mediterranen Weinen bis zu exotischen Gewürzen, zu bekommen. Manche kamen sogar bis nach Zentralasien und in den Fernen Osten. Wieder daheim, verkauften sie die mitgebrachten Kostbarkeiten für viel Geld an reiche Leute.

Sklavenhandel
Sklaven und Leibeigene wurden zu hohen Preisen gehandelt. Deshalb raubten die Wikinger bei ihren Überfällen in fremden Ländern oft sogar Menschen. Zu dieser Zeit wurden in Skandinavien auch manche Verbrechen mit Leibeigenschaft bestraft.

Fairer Handel
Die frühen Skandinavier bezahlten mit kleinen Stücken Edelmetall (meistens Silber, manchmal auch Gold), die abgewogen wurden, und Schmuck. Richtige Münzen setzten sich erst im 10. Jahrhundert als Zahlungsmittel durch. Die Wikinger verkauften Waren von Raubzügen und aus ihrer Heimat wie Feldfrüchte, Bauholz und Tiere ins Ausland. Sie waren sehr geschäftstüchtig, aber nicht immer ehrlich. Es gibt zum Beispiel Berichte, dass sie reichen Kunden für teures Geld Narwalstoßzähne als magische Einhornhörner verkauften.

Die große, weite Welt
Wikingische Kaufleute handelten mit Gewürzen, Glas und Seide aus dem Nahen Osten, Wein und Töpferware vom Mittelmeer und Schmuck aus Indien. Es gibt zwar keine Hinweise dafür, dass die Wikinger selbst bis nach China oder Indien gereist wären, aber sie hatten beste Geschäftsverbindungen dorthin.

Der Buddha von Helgö

Eines der erstaunlichsten Fundstücke ist ein kleiner Bronzebuddha, der auf der schwedischen Insel Helgö ausgegraben wurde. Das Figürchen wurde im 6. Jahrhundert in Nordindien hergestellt und an Bord eines Schiffes Tausende von Kilometer nach Skandinavien gebracht, um dort das Haus eines reichen Wikingers zu schmücken. Am gleichen Ort fand man das kunstvoll verzierte Kopfstück eines religiösen Stabes aus Irland und eine bronzene Schöpfkelle aus Ägypten.

Handelsstädte

In ganz Skandinavien schossen lebendige Handelsstädte mit Handelsbeziehungen in die ganze Welt aus dem Boden. Die wichtigsten Handelsknotenpunkte waren Haithabu und Rebe in Dänemark, Birka in Schweden und Kaupang in Norwegen. Diese reichen Städte waren natürlich auch verlockende Ziele für wikingische Räuber. Deshalb boten viele Wikingerhäuptlinge den Händlern gegen gute Bezahlung ihren Schutz an. Im Osten bauten die Rus-Wikinger entlang der Flüsse Dnjepr und Wolga ihr eigenes erfolgreiches Handelsnetzwerk bis nach Zentralasien auf.

WIKINGERKRIEGER

Die berüchtigten blutrünstigen Wikingerkrieger wurden auf der ganzen Welt gefürchtet. Vom späten 8. Jahrhundert bis etwa ins Jahr 1000 zogen sie raubend und plündernd durch Europa und weiteten ihr Siedlungsgebiet aus. Dazu wurden immer neue Kämpfer gebraucht, von denen manche gerade einmal elf Jahre alt waren. Auf Beutefahrt zu gehen, wurde als ehrenhafte Tätigkeit betrachtet. Wikingerkrieger waren körperlich stark und furchtlos, denn sie glaubten, nach einem ruhmreichen Tod im Kampf in Walhall oder Folkwang aufgenommen zu werden. Wenn die Wikinger gerade nicht raubten und plünderten, arbeiteten sie ganz normal als Bauern, Kaufleute, Schmiede oder Handwerker. Aber sobald ihr Häuptling oder König sie rief, zogen sie mit ihm in die Schlacht.

Lieblingswaffen

Wikinger kämpften zu Fuß Mann gegen Mann. Die meisten trugen eine leichte Lederrüstung, einen Speer und einen runden hölzernen Schild, bemalt mit wikingischen Bildern und Mustern. Reiche Wikinger konnten sich ein Schwert und eine viel stabilere Rüstung mit Kettenhemd und Metallhelm leisten. Ihre Waffen waren kunstvoll verziert, um ihren gesellschaftlichen Stand zu zeigen. Die Waffen vieler Wikingerhelden hatten sogar Namen: In der isländischen *Laxdæla*-Sage spielt zum Beispiel ein Schwert namens Fótbítr (Beinbeißer) eine entscheidende Rolle.

Wie die Berserker

Die schrecklichsten und brutalsten Wikingerkrieger wurden Berserker genannt. Sie fürchteten weder Schmerz noch Tod. In einigen Geschichten heißt es sogar, der Gott Odin habe ihnen übernatürliche Kräfte verliehen. Berserker trugen keine Rüstung, sondern kleideten sich in Bärenfelle (»Berserker« heißt »Bärenmantel«). In alten Quellen wird davon berichtet, wie sich die Berserker vor der Schlacht durch ein besonderes Ritual in einen Rausch versetzten, der sie in ihre Schilde beißen und ihre Feinde anheulen ließ wie wilde Tiere.

Eroberer aus gutem Grund

Aber was brachte die Wikinger Ende des 8. Jahrhunderts auf die Idee, ihre Heimat zu verlassen und sich anderswo anzusiedeln? In vielen Regionen Skandinaviens ist es sehr kalt. Besonders im Winter, wenn Landwirtschaft kaum noch möglich war, war das Leben dort hart. Die Erkundungs- und Beutefahrten dienten also auch dazu, neue Lebensräume mit milderem Klima und besseren Bedingungen zu finden. Es könnte auch sein, dass die Bevölkerung in dieser Zeit deutlich gewachsen ist. Einige Raubzüge hatten allerdings sicher nur zum Ziel, die Räuber reich zu machen!

MITTELALTERLICHES GEMETZEL

Der brutale Überfall auf die heilige Klosterinsel Lindisfarne im Nordosten Englands im Jahr 793 gilt als Beginn der Wikingerzeit. Größere Raubzüge folgten, und die Nachricht von den schrecklichen Horden aus dem Norden verbreitete sich wie ein Lauffeuer. Europas Kampf gegen die skandinavischen Eroberer begann.

Das große Wikingerheer

Nicht einmal 100 Jahre nach ihrem ersten Überfall in England verbündeten sich zuvor verfeindete Wikingerstämme aus Schweden, Norwegen und Dänemark zu einer furchterregenden Streitmacht, bekannt als das große Wikingerheer. Seine genaue Größe können wir heute nicht bestimmen, aber es wird angenommen, dass es aus bis zu 3000 kampfbereiten Kriegern bestand. Im Jahr 865 landete das große Wikingerheer in England und eroberte 866 die Stadt Eoforwic, das heutige York. In den folgenden 30 Jahren teilte sich die Armee in zwei Gruppen, von denen eine nach Norden und die andere nach Süden zog. In Britannien kämpften sie gegen die Angelsachsen. Im späten 9. Jahrhundert rüsteten sich viele Königreiche Europas gegen die Wikingerheere.

Erkaufter Frieden

Einige europäische Herrscher bezahlten die Wikinger, damit sie nicht angriffen. Im Jahr 886 ließ es sich der Frankenkönig Karl der Dicke einiges kosten, dass die Wikingerhorden einen Bogen um Paris machten und stattdessen das Umland verwüsteten. Später griffen sie Paris aber doch an.

Knut der Große

Im Jahr 1013 erreichten der Wikingerkönig Sven Gabelbart und sein jüngster Sohn Knut in England das, woran viele Wikinger zuvor gescheitert waren: Am Weihnachtstag eroberten sie den englischen Thron und vereinten damit Dänemark, Norwegen und England. Leider starb Gabelbart nur fünf Wochen später. Sein Sohn Knut musste drei Jahre lang mit den Anführern der Angelsachsen verhandeln, bis sie ihn schließlich 1016 zum König von England ernannten.

Eine königliche Familie

Knuts Urgroßvater Gorm der Alte war von 936 bis 958 König von Dänemark. Sein Sohn Harald Blauzahn folgte ihm auf den Thron und vereinigte ganz Dänemark unter seiner Herrschaft und im christlichen Glauben. 986 erbte Sven Gabelbart, Haralds Sohn und Knuts Vater, den dänischen Thron.

Die alten Götter

König Knut glaubte nicht mehr an die Götter seiner Vorfahren, sondern bekannte sich – wie schon sein Vater und Großvater – zum Christentum. Das Christentum hatte sich bereits in ganz Nordeuropa ausgebreitet, und viele Wikinger hatten ihren traditionellen nordischen Glauben abgelegt.

DAS ENDE EINES ZEITALTERS

GLAUBENSWANDEL

Schon ab dem 9. Jahrhundert nagte das Christentum an den Wurzeln der nordischen Lebensweise, und bereits um das Jahr 1000 waren die meisten Skandinavier Christen. Das läutete das Ende der Wikingerzeit ein. Neben dem religiösen Wandel haben aber sicher noch weitere Faktoren das Schicksal des Wikingertums besiegelt.

Wurzeln schlagen
Wenn sich Wikinger in christlichen Gegenden niederließen, traten sie häufig selbst zum Christentum über, um dort in Frieden leben zu können. Sie tauschten ihre nordischen Gottheiten gegen den einen christlichen Gott ein und gaben die altnordischen Rituale wie Opfergaben und Schiffsbegräbnisse, die früher für sie wichtig waren, auf.

Eine Hand wäscht die andere
Einige Wikingeranführer nahmen den christlichen Glauben aus politischen Gründen an. Im Jahr 911 trat der berüchtigte Wikinger Rollo zum Christentum über und bekam vom Frankenkönig Karl dem Einfältigen zur Belohnung dafür die französische Normandie.

Christlicher Umbau

Christliche Missionare aus ganz Europa zogen durch Skandinavien und bekehrten die Wikinger. Die bekehrten Könige ließen die altnordischen Tempel und Statuen einreißen und stattdessen im Wikingerstil verzierte hölzerne Stabkirchen errichten. Von den über 1000 damals erbauten skandinavischen Stabkirchen sind heute nur noch weniger als 30 erhalten.

Nationalreligion

Nach seiner Taufe erklärte König Harald Blauzahn Dänemark im Jahr 965 zu einem christlichen Reich. Ob er wirklich an die christliche Lehre glaubte, ist unklar. Sicher ist, dass Dänemarks mächtiger christlicher Nachbar, das Heilige Römische Reich, drohte, Dänemark gewaltsam zu bekehren. Es war also ein kluger politischer Schachzug. Norwegen und Schweden folgten dem Beispiel und wurden im 12. Jahrhundert christlich.

EIN LETZTER SCHLAG

Das Zeitalter der Wikinger war endgültig vorbei, als der norwegische König Harald Hardråde und sein Heer bei dem Versuch, den englischen König Harold Godwinson vom Thron zu stürzen, vernichtend geschlagen wurden. 19 Tage später landete jedoch Wilhelm der Eroberer, Herzog der Normandie, in England und besiegte den englischen König und seine Armee in der Schlacht von Hastings. Einige dieser Ereignisse sind auf dem einzigartigen, gestickten Teppich von Bayeux aus England dargestellt. Der Wandbehang ist 70 Meter lang und wurde wohl um das Jahr 1070 angefertigt.

Die letzten Raubzüge

Für viele Historikerinnen und Historiker endete die Wikingerzeit mit dem Tod Harald Hardrådes im Jahr 1066. Aber noch in den folgenden 100 Jahren überfielen Wikinger hier und dort in Europa Städte und Dörfer. Sie verschwanden nie wirklich, sondern änderten einfach ihre Lebensweise und begannen ein neues, beschauliches Leben in christlichen Gemeinschaften. Das skrupellose Rauben und Plündern lohnte sich nicht mehr. Außerdem hatten die europäischen Könige Wege gefunden, sich gegen Überfälle zu verteidigen.

Die Prosa-Edda

Der isländische Dichter und Geschichtsschreiber Snorri Sturluson (1179–1241) sammelte sein ganzes Leben lang die alten Sagen und Geschichten der Wikinger, schrieb sie auf und bündelte sie zu Büchern. Durch ihn haben wir viel über die Kultur und Mythologie des wikingischen Volkes gelernt. Snorri gilt als Autor der Prosa-Edda, einer Sammlung von nordischen Götter- und Heldensagen, von der Entstehung des Kosmos bis zur Ragnarök.

DAS WIKINGER-ERBE

Obwohl die große Zeit der Wikinger vor knapp 1000 Jahren zu Ende ging, ist der Einfluss der furchtlosen Nordmänner und -frauen bis heute in unserem Leben zu spüren, in vielen europäischen Sprachen ebenso wie durch die Handelsrouten und Seewege, die noch immer genutzt werden. Ihre Nachkommen leben bis heute überall auf der Welt.

Weltenbummler

Die Wikinger bereisten fast die ganze Welt und ließen sich in vielen Regionen nieder. Sie waren zum Beispiel die ersten Siedler und Siedlerinnen in Island, wo die Wikingerkultur bis heute eine große Rolle spielt. Im 10. Jahrhundert gründeten sie Dublin, die heutige Hauptstadt von Irland. Unter ihrer Herrschaft, die bis ins 12. Jahrhundert dauerte, entwickelte sich Dublin zu einer lebendigen, bedeutenden Handelsstadt.

Geschenk der Götter

Ihr wohl größtes Geschenk sind ihre Geschichten von eigensinnigen Göttern, geschickten Zwergen, formwandelnden Riesen, grauenerregenden Trollen und gierigen Drachen. Seit der Wikingerzeit beflügeln sie die Fantasie von Kindern und Erwachsenen auf der ganzen Welt. Sie waren Vorbild für viele berühmte Bücher wie *Der Hobbit* von J. R. R. Tolkien, die Marvel-Comicserie *Thor* und unzählige andere Geschichten, Filme und Videospiele.

Wortwechsel

Mit den Wikingern landete auch ihre Sprache an den Küsten vieler europäischer Länder. Viele Wörter wie »Brot« oder die englischen Wörter »law« (Gesetz) oder »leg« (Bein) stammen aus dem Altnordischen. Englisch »glitter« und Deutsch »glitzern« kommen ursprünglich von »glit«, dem Wikingerwort für Glanz. Im Englischen sind auch Wochentage nach nordischen Göttern benannt: »Thursday« ist Thors, »tuesday« Tyrs und »friday« Friggs Tag.

Eine unendliche Geschichte

Vieles, was die Wikinger betrifft, verstehen wir bis heute nicht ganz. Welche Teile Nordamerikas haben sie erkundet? Warum haben sie ihre Siedlungen in Grönland im 15. Jahrhundert wieder aufgegeben? Die Wissenschaft ist immer noch dabei, die Geschichte der Wikinger wie ein Puzzle Stück für Stück zusammenzusetzen. Immer neue Spuren zeigen, dass es noch viel zu entdecken gibt!

GLOSSAR

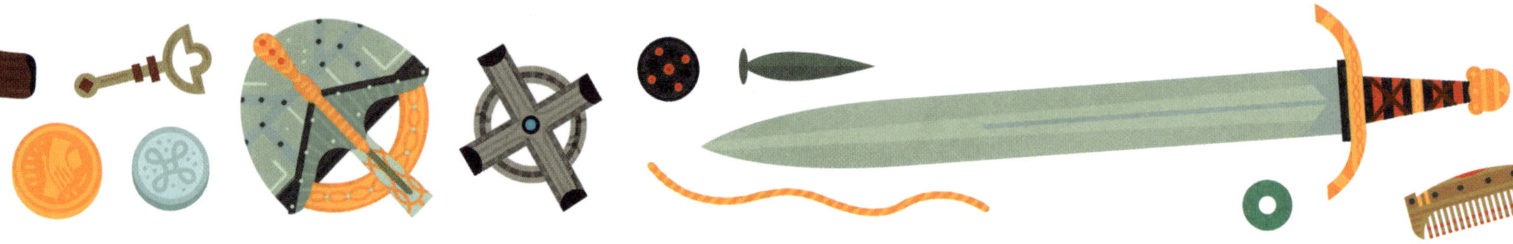

Amulett – Schmuckanhänger, dem magische Fähigkeiten als Glücksbringer oder zum Schutz zugeschrieben wurden.

Angelsachsen – germanisches Volk, das während des Mittelalters in England lebte.

Archäologie – Wissenschaft von den sichtbaren Überresten von alten Kulturen und Völkern.

Artefakt – ein vor langer Zeit von Menschen hergestellter Gegenstand.

Asen – nordisches Göttergeschlecht, zu dem Odin und Thor gehören.

Bodendenkmalpflege – Beschäftigung mit Denkmälern, die sich im Boden befinden.

Draugr – Zombie oder Untoter der nordischen Mythologie; jemand, der nach seinem Tod noch als böses Wesen umgeht.

Elfenbein – das Material, aus dem die Stoßzähne mancher Tiere wie Elefanten oder Walrösser bestehen.

Erzfeind – allerschlimmster Feind.

Exotisch – aus fernen Ländern, fremdartig.

Ferner Osten – der östliche, von Europa am weitesten entfernte Teil Asiens.

Fibel – kunstvolle Spange oder Nadel, mit der Kleidungsstücke zusammengehalten wurden.

Fjord – tief ins Land einschneidender Meeresarm; in Skandinavien gibt es besonders viele davon.

Fracht – Handelsware, die auf einem Fortbewegungsmittel wie einem Boot oder einem Wagen transportiert wird.

Geächteter – jemand, der aus der Gemeinschaft, zu der er ursprünglich gehört, ausgestoßen wird.

Generation – alle ungefähr einer Altersstufe Angehörenden einer Familie oder einer anderen Gruppe von Menschen, z. B. Großeltern, Eltern, Kinder, Enkel.

Geschlecht – große, bedeutende, alte Familie.

Gesellschaft – größere Gruppe von Menschen, die unter bestimmten Bedingungen zusammenleben.

Gottheit – ein Gott oder eine Göttin, z. B. Thor, Odin oder Idun.

Heilig – in einer bestimmten Religion besonders wichtig und wertvoll.

Herd – eine gemauerte, steinerne oder hölzerne Feuerstelle, die in den Häusern auch als Kochplatz genutzt wird.

Hinterlist – Verhalten mit der heimlichen Absicht, anderen zu schaden.

Historiker:innen – Forschende, die sich mit der Geschichte eines Landes oder eines Volkes beschäftigen.

Hort – sehr großer Schatz.

Hüttenlehm – Gemisch aus Lehm und Pflanzenfasern zum Hausbau.

Imprägnieren – einen Stoff z. B. vor Wasser schützen.

Jarl – angesehener Häuptling einer wikingischen Dorfgemeinschaft.

Karl – Angehörige der Mittelschicht in der wikingischen Gesellschaft, normalerweise Bauern und Landbesitzer.

Kloster – Ort, an dem streng religiöse Menschen nach bestimmten Regeln zusammenleben.

Kosmos – die ganze Welt und wie sie geordnet ist.

Kultur – Lebensweise, Glaube und Gebräuche einer Zivilisation oder der Menschen einer bestimmten Zeit und Region.

Landwirtschaft – Erzeugen von Nahrungsmitteln durch Ackerbau und Viehhaltung.

Langschiff – schmales, langes Schiff, wie es von den Wikingern genutzt wurde.

Leibeigener – im Mittelalter eine Art Sklave, Diener oder Zwangsarbeiter ohne Rechte.

Mediterran – aus der Mittelmeerregion.

Met – Honigwein.

Missionar:in – jemand, der durch fremde Länder zieht, um die Menschen dort von seiner Religion zu überzeugen.

Mittelalter – die Zeit in Europa zwischen dem Ende der Antike im 6. und dem Beginn der Neuzeit im 15. Jahrhundert.

Mythologie – eine Sammlung von Geschichten, die zu einer bestimmten Religion oder Kultur gehören.

Nachkomme – Mensch, der in direkter Linie von einem anderen abstammt, z. B. Kinder, Enkel, Urenkel.

Naher Osten – der direkt an Europa angrenzende Teil Asiens zwischen Mittelmeer, Rotem Meer, Schwarzem Meer, Kaspischem Meer und Indischem Ozean.

Navigation – Berechnen der Position eines Schiffes und des richtigen Kurses.

Opfer – Töten eines Tieres oder sogar eines Menschen, um eine Gottheit gnädig zu stimmen.

Ornament – Verzierung.

Pfand – etwas, das als Sicherheit für eine Forderung gilt.

Pigment – reine, natürliche Farbe.

Plündern – rauben.

Prophezeiung – Vorhersage zukünftiger Geschehnisse.

Ritual – religiöse Handlung in immer gleicher Form.

Rune – die in Nordeuropa zur Zeit der Wikinger verwendeten Schriftzeichen.

Sage – lange Geschichte oder Geschichtensammlung aus alter Zeit, die meist von Göttern, Helden und ihren Abenteuern handelt.

Schnickschnack – allerlei Zeug.

Siedler:in – jemand, der sich an einem neuen Ort niederlässt, um dort zu leben.

Sippe – oft aus vielen Familien bestehende Gruppe von Menschen mit gemeinsamer Abstammung.

Skandinavien – der Teil Nordeuropas mit Schweden, Norwegen, Dänemark und Finnland

Söldner:in – Soldaten und Soldatinnen, die für ihre Dienste in einer fremden Armee oder für eine bestimmte Sache bezahlt werden.

Statussymbol – etwas, das anderen zeigt, wie reich oder wichtig man ist.

Tempel – Gebäude, in dem ein Gott oder eine Göttin verehrt werden.

Tunika – loses, langes Hemd.

Vorfahr:in – verwandte Person, die vor langer Zeit lebte.

Wanen – Göttergeschlecht der nordischen Mythologie, das vor allem mit Zauberkräften, Fruchtbarkeit und Weisheit in Verbindung gebracht wird.

Waren – Dinge, die ge- und verkauft werden.

Webstuhl – Gerät, auf dem aus Garn Stoff gewebt wird.

Wegbereiter:in – Person, die auf einem bestimmten Gebiet ganz neue Wege beschreitet.

weissagen – zukünftige Geschehnisse vorhersagen.

Zeitalter – längerer Zeitraum in der Geschichte.

Zwerg – geheimnisvolles Wesen aus der nordischen Mythologie; Zwerge waren besonders geschickte Schmiede.